De Geur van Bloemen

Geurende Kruiden

Malcolm Hillier

Uitgeverij M&P Creatief

Oorspronkelijke titel: The Little Scented Library - Fragrant Herbs

Postbus 466
6000 AL WEERT

Tekstverzorging: *de Redactie,* Amsterdam
Vertaling: Inge de Jong
Eindredactie: Myrte Gay-Balmaz
Fotografie: Matthew Ward
Zetwerk en montage: *Perpetua Type bv,* Amsterdam

ISBN 90 6590 623 1
CIP
NUGI 411

Inhoud

INLEIDING

DE BELANGSTELLING VOOR KRUIDEN is de laatste jaren enorm toegenomen. We leren de culinaire en heilzame eigenschappen van kruiden opnieuw te waarderen en genieten van de heerlijke, krachtige aroma's.
De botanicus heeft bij het begrip 'kruiden' een veel grotere groep planten voor ogen dan de leek. Volgens de plantkunde worden alle niet-houtachtige planten die in de winter afsterven beschouwd als kruid. Deze definitie is echter vrij ruim en gewoonlijk denken we bij kruiden aan planten met geurige blaadjes of een karakteristieke smaak. Bijna alle kruidensoorten gedijen in een gematigd klimaat met warme, droge zomers en zachte winters. Meestal zijn deze kruiden in iedere winkel verkrijgbaar. Het kan heel leuk zijn om kruiden zelf te kweken in een zonnig hoekje van de tuin of in potten op het balkon of terras. Maar of ze nu zijn gekocht of gekweekt, kruiden verspreiden altijd een heerlijke geur in huis, dienen als basis voor versterkende drankjes en kosmetica en geven een intrigerend smaakje aan zoete en hartige gerechten.

BLOEIENDE KRUIDEN

VEEL KRUIDENSOORTEN dragen sierlijke bloemen die bovendien eetbaar zijn. Sommige smaken bitter, maar de bloemen van Oostindische kers, bieslook, bergamot en goudsbloem zijn zeer smakelijk en geven een aantrekkelijk en kleurrijk accent aan salades.

Phlomis *heeft licht geurende blaadjes en bloemen.*

Gamander *heeft roze bloemen met een scherpe smaak.*

Oostindische kers *is zoet, pittig en kleurrijk.*

Marjolein *heeft een zoete, aromatische smaak.*

Cipressenkruid *is pittig en doet het goed in potpourri's.*

Komkommerkruid *bloemen en -stelen smaken naar komkommer.*

Salie *heeft helblauwe, bittere bloemen.*

Bergamot *verspreidt een zwaar, oosters parfum.*

Cichorei *bloemen smaken niet al te bitter.*

Houttuynia *heeft pittige, crèmekleurige bloemen.*

Bieslook *bloemen smaken en ruiken naar ui.*

Hysop *is geurig en wordt in de keuken gebruikt.*

Mirte *heeft fijne bloempjes die naar honing geuren.*

Kamille *heeft mooie geelwitte bloemen. Heerlijk om thee van te trekken.*

Goudsbloem *heeft een pikante smaak en geur.*

BLADKRUIDEN

HET GEBRUIK VAN bladkruiden als smaakvolle ingrediënten komt veelvuldig voor. Gecombineerd met geurige bloemen in potpourri's kunnen aromatische bladeren bijdragen aan een intrigerend parfum.

Bonekruid *is lekker in boneschotels.*

Curry-plant *heeft een kerriegeur en -smaak.*

Bieslook *doet denken aan de smaak van uien en is erg lekker in salades.*

Munt *is lekker bij ijs, punch en chocolade.*

Citroengeranium *heeft een sterke citroengeur.*

Rode basilicum *is sterk, maar verfrissend in salades.*

Citroentijm *is bijzonder geurig.*

Zuring *lijkt op spinazie met een zure nasmaak. Lekker in soepen.*

Bronzen venkel *is lekker in salades en als gekookte groente bij vis.*

Rozemarijn *is zeer geurig.*

Laurier *heeft een volle, sterke smaak.*

Tuinmelde *is heerlijk in salades.*

Dragon, *heeft een sterke anijssmaak. Smaakt heerlijk bij gevogelte en in azijn.*

Jenever-bes *heeft sterk smakende bladeren en bessen.*

Salie *met gekleurde blaadjes is lekker pittig. Goed te verwerken in vlees- en visvullingen.*

Peterselie *heeft een frisse, enigszins bittere smaak.*

Dille *doet denken aan karwij en is heerlijk bij vis en schelpdieren.*

Cichorei *bladeren kunnen goed worden verwerkt in salades.*

KRUIDEN KWEKEN

DE MEESTE KRUIDEN kunnen gemakkelijk worden gekweekt in een gematigd klimaat met warme zomers en niet al te strenge winters. Kruiden gedijen uitstekend op een stukje grond, maar kunnen ook worden geplant in terracotta potten of andere decoratieve kuipen. Zet ze op een lichte, zonnige plek dichtbij de keuken, op balkon, terras of vensterbank. Kruiden hebben veel licht nodig, rijke, goed gedraineerde aarde en in de zomer voldoende water.

GROENBLIJVENDE KRUIDEN

De hier afgebeelde decoratieve, groenblijvende kruiden zijn laurier, peterselie, cipressenkruid, citroengeranium, rozemarijn en tijm. Alle zijn buitengewoon geurig, zeer smakelijk en goed bruikbaar bij veel gerechten. Laurier is heerlijk bij vlees en vis en geeft een bijzonder accent aan zuiveltoetjes. Peterselie past goed bij vis en cipressenkruid en wordt om zijn uiterlijk en aroma vaak in potpourri's toegepast. Zowel rozemarijn als tijm zijn geschikt voor gerechten met lams- of kalfsvlees, gevogelte of wild.

KRUIDENSLINGER

DE MEESTE KRUIDEN zijn eenvoudig te drogen en staan prachtig in sierslingers. Het maken van een slinger, vergt veel tijd en moeite, maar de natuurlijke schoonheid en heerlijke geuren wegen daar ruimschoots tegenop. Hop is hiervoor uitermate geschikt: ze hebben fraaie, wilde vertakkingen, een verrukkelijk aroma en ze zijn zeer gemakkelijk te drogen. Slingers dienen wel op een plek te hangen, waar niet tegenaan wordt gestoten, gedroogde kruiden vallen namelijk gemakkelijk uit.

WILDE KRUIDENRANK

Trosjes knoflook, glimmende rode pepers, gedroogde salie, dille en bloeiende marjolein hangen aan lint van raffia tussen bossen gedroogde, bloeiende vrouwelijke hop. Deze landelijke, geurige rank staat prachtig aan de muur en blijft, mits hij niet wordt aangeraakt, maandenlang goed.

GENEESKRACHTIGE DRANKJES

DE LAATSTE JAREN is de belangstelling voor de geneeskrachtige eigenschappen van kruiden weer opgebloeid. Aromatische tincturen en kruidendrankjes zijn een geweldige remedie voor alledaagse kwaaltjes zoals hoofdpijn, indigestie, verkoudheid, griep en slapeloosheid.

RECEPT VOOR TINCTUUR
Laat 10 eetlepels gehakte verse, of 5 eetlepels gedroogde kruiden trekken in $^1/_2$ l zuivere alcohol of wodka. Goed afsluiten en koel bewaren. Dagelijks schudden en na 2-3 weken gebruiken.

SPANNINGEN
Kamille en lavendel hebben een kalmerende werking. Voeg voor het slapen gaan 10 druppels toe aan een glas warm water.

HOOFDPIJN
Om hoofdpijn te verminderen moet u 5 druppels tinctuur van viooltjes en tijm aan warm water toevoegen.

VERKOUDHEID EN GRIEP
Om verkoudheid en koorts tegen te gaan zijn 2 theelepels dille- en kamillesiroop genoeg. Dit bevordert de slaap en ontstopt de neus.

ANIJS 'DIGESTIEF'
1 theelepel munt- en anijszaadsiroop voorkomt indigestie.

HOESTSIROOP
2 theelepels siroop gemaakt van heemst en klein hoefblad zijn goed voor een droge hoest.

RECEPT VOOR OLIE
Giet 3 dl plantaardige olie over 7 eetlepels verse, gehakte kruiden zoals zuring, kamille, dille en viooltjes en doe dit mengsel in een luchtdichte fles. Vóór gebruik minstens 2 weken op een warme, lichte plaats bewaren. Dagelijks schudden en dan zeven.

RECEPT VOOR STROOP
Giet 1/2l kokend water over 2 eetlepels gedroogde kruiden. Laat het mengsel afkoelen. Doe in een pan 6 eetlepels suiker en voeg het vocht er aan toe. Warm alles op een zacht vuur, de suiker moet erin oplossen. Blijven doorkoken tot de siroop indikt.

OLIE TEGEN KEELPIJN
2 theelepels olie met zuring, viooltjes en honing verzachten een ontstoken keel.

POTPOURRI'S

GEURENDE KRUIDEN ZIJN meestal de hoofdbestanddelen van potpourri's. Marjolein, rozemarijn, laurier, munt en citroenkruid hebben bijzonder aromatische blaadjes die het parfum van bloemen vervolmaken. Voor een potpourri mengt u gedroogde bloemblaadjes en kruiden, specerijen en olie-essences met een fixeermiddel zoals iriswortelpoeder. Bewaar het mengsel zes weken lang in een goed afgesloten pot en schud dagelijks.

ZOMERGEUREN

Deze gouden zomerpotpourri bestaat uit 1/2 l gedroogde goudsbloemblaadjes, 1/4 l rozeblaadjes, 1/8 l heemst, 6 eetlepels dille, 4 eetlepels duizendblad en 2 theelepels gemalen benzoëgom.

VLEUGJE LAVENDEL
Een landelijke potpourri wordt gemaakt van lavendel, marjolein en bergamotblaadjes (elk $^{1}/_{4}$ l), 4 druppels bergamot-olie en 2 theelepels iriswortelpoeder.

ROZENMIX
Deze geurige potpourri bestaat uit $^{1}/_{2}$ l rozeblaadjes die nog niet helemaal gedroogd zijn, $^{1}/_{4}$ l rozemarijnblaadjes, 4 eetlepels rode peperkorrels en 2 theelepels iriswortelpoeder.

GEURENDE KUSSENTJES

KUSSENTJES GEVULD met kruidenpotpourri's zijn zeer decoratief. Ze zijn tegelijkertijd ook een duurzame manier om het huis te laten geuren, omdat de potpourri niet aan de lucht wordt blootgesteld. Voeg ongeveer 8 eetlepels van een potpourri (zie bladzijde 16-17) toe aan de kussenvulling om te kunnen genieten van het delicate parfum.

KRUIDIGE GEUREN
Een decoratief, gobelin kussen in gedempte tinten blauw, perzik, roze en oker is gevuld met een pittige potpourri van 1/4 l gemengde geurige bloemblaadjes, 10 gekneusde kardemomzaden, 2 eetlepels gekneusde laurierbladeren, geraspte schil van 2 sinaasappels en 1 theelepel wierookhars.

GESTREEPT KUSSEN

Een aromatische potpourri van 1/4 l geurige rozeblaadjes en hop, 4 eetlepels marjolein, geraspte schil van 2 limoenen en 1 theelepel gekneusde tonkabonen vormen de geparfumeerde vulling voor dit sierlijk gestreepte, katoenen kussen.

GEBLOKT KATOENEN KUSSEN

Dit opvallende kussen verspreidt een krachtige en aparte geur. Het is gevuld met een potpourri van 1/4 l citroenkruidbladeren, 2 eetlepels alsem, 6 gemalen pimentkorrels en 2 theelepels iriswortelpoeder.

Schoonheidsmiddeltjes

OVER DE HELE wereld worden aromatische kruiden in schoonheidsprodukten verwerkt. Naast hun geur zijn ze geliefd om hun reinigende, kleurende en vochtinbrengende werking. Maak uw eigen crème of lotion en ontdek welke kruiden het beste bij uw huidtype passen.

ROZEN & ROZEMARIJN REINIGINGSMILK

Smelt 2 eetlepels lanoline samen met 2 eetlepels bijenwas. Voeg van warme amandelolie, warme soyaolie en rozenwater elk 2 eetlepels toe, en 4 eetlepels rozemarijnaftreksel. Klop dit alles tot een dikke substantie en voeg dan van rozen- en rozemarijnolie elk 7 druppels toe. Voor de kleur kan een druppel rode levensmiddelenkleurstof worden toegevoegd.

KORRELTJESMASKER VAN ORANJEBLOESEM & HONING

Smelt 2 eetlepels cacaoboter. Voeg 2 eetlepels gesmolten bijenwas en warme amandelolie en 1 eetlepel zuivere honing toe. Klop er 2 eetlepels gebroken rijst en oranjebloesemwater doorheen tot er een dikke substantie ontstaat. Eindig met 4 druppels oranjebloesemolie.

Salie & citroenlotion

Deze pittige lotion is zeer verfrissend en heeft een verrukkelijk geur. Laat 4 eetlepels verse salieblaadjes een week in 4 eetlepels wodka liggen. Roer er dan 2 eetlepels citroensap en 1 eetlepel glycerine door. Zeven en in luchtdichte fles bewaren.

Recept voor vochtinbrengende crème

Smelt onder voortdurend roeren cacaoboter en lanoline van elk 2 eetlepels. Verwarm 5 eetlepels vruchten- of bloemenolie en 1 theelepel tarwekiemolie en roer dit door het mengsel van cacaoboter en lanoline. Lauw laten worden en er dan 3 eetlepels van een kruidenaftreksel en 1 eetlepel glycerine doorheen kloppen. In luchtdichte pot bewaren.

Tijm & avocadocrème

Een combinatie van avocado-olie en een aftreksel van tijm is uitstekend voor de droge huid en geeft een mooie teint.

Goudsbloem & heemstcrème

Een aftreksel van heemst gemengd met goudsbloemolie levert een crème op waardoor de huid een gezonde kleur krijgt.

GEPARFUMEERDE KAARSEN

KAARSEN VERSPREIDEN EEN aangenaam, warm licht en zorgen voor een intieme, romantische sfeer. U kunt zelf geurende kaarsen maken, die de lucht vullen met delicate en intrigerende parfums van bloemen en kruiden. Daarvoor hoeven slechts een paar druppels olie-essence te worden toegevoegd aan de gesmolten was. Voor een heerlijke geur zijn olie van rozen, tijm, citroenkruid en rozemarijn zeer geschikt.

KRUIDENPOTJE
Een oud bloempotje met een krans van gedroogde kruiden vormt een sierlijke kaarsenhouder. De krans maakt u door de gedroogde, geurende kruiden in kleine bosjes met lijm aan de buitenrand van de terracotta pot te bevestigen. De kaars verspreidt een jasmijngeur.

Tuinkaarsen

Maak een geurende tuinkaars in een bloempot. Dicht vooraf het gaatje van een 10 cm hoge bloempot af met boetseerklei. Bevestig een even lange lont met een dikte van 2,5 cm aan een satéstokje, leg het stokje dwars over de bovenkant van de bloempot. Warm 650 g paraffine in een pan op tot 70°C. Voeg 5 druppels olie-essence toe van bijvoorbeeld citroengeranium of rozemarijn. Giet de gesmolten was in de pot en zorg dat er 1 cm van de lont vrij blijft. Laat afkoelen.

Decoratieve kaarsen

Versier een kaars met gedroogde bloemblaadjes van bijvoorbeeld goudsbloemen of rozen. Leg een bloemblaadje op een kaars en wrijf erover met een boven een vlam verwarmde lepelsteel. Herhalen indien nodig.

KRUIDEN SCHIKKEN

EEN EENVOUDIGE, gevlochten mand met gedroogde kruiden staat prachtig aan de muur van de woonkamer, keuken of gang. De geur zal zeker enkele maanden in huis blijven hangen. Kruidenbloemstukken met een wilde en natuurlijke uitstraling kunnen uitermate fraai zijn.

GEURENDE MAND

De basis voor dit bijzonder geurige droogboeket wordt gevormd door een landelijke mand van wilgetenen. Leg in de mand een droog stuk oasis waarin kleine bosjes gedroogde kruiden worden gestoken. Als de steeltjes van de kruiden niet lang genoeg zijn, wikkelt u ze om met opbinddraad, dat dan als verlengstuk van de steeltjes dient. Door bladkruiden en bloeiende kruiden te combineren, ontstaat een prachtig sierstuk van pasteltinten. Op de foto is een combinatie te zien van salie, lavendel, marjolein, rozemarijn, venkel, dragon, oregano en galigaan. De mand kan het beste zodanig worden opgehangen dat niemand er tegenaan stoot. Om verkleuring tegen te gaan moeten gedroogde kruiden uit het zonlicht worden gehouden.

ZEEPJES EN REUKWATER

AL EEUWENLANG wordt geurige zeep, badzout en reukwater vervaardigd uit natuurlijke grondstoffen. Al deze toiletartikelen kunnen ook thuis worden gemaakt en u kunt ze bewaren in sierlijke potten of flessen in de badkamer.

RECEPT VOOR REUKWATER
Giet voor een verfrissende eau de toilette ½ l kokend water over 12 eetlepels gehakte verse of 6 eetlepels gedroogde kruiden naar keuze. Laat het water afkoelen en zeef. Meng met 1 dl zuivere alcohol of 1,5 dl wodka. Voeg 10 druppels olie-essence toe. Bewaar in een luchtdicht afgesloten fles op een koele plek.

LAURIERWATER
Een watertje met gekneusde gedroogde laurierbladeren, citroenolie, citroengeraniumolie en alcohol of wodka is zeer verfrissend voor de huid.

KAMILLEWATER
Dit lekkere, geparfumeerde water kan ook dienen als gezichtsreiniger. Combineer kamillebloemetjes met bergamotolie, rozenolie en wodka.

ORANJEBLOESEMWATER
Een heerlijke geur ligt besloten in deze combinatie van oranjebloesem, oranjebloesemolie en wodka.

GOUDSBLOEM & DENNENBADZOUT
Bedek 7 eetlepels verse goudsbloemblaadjes met 1 kg bitterzout. Voeg 12 druppels denne- of andere aromatische olie toe. Voor gebruik een week lang dagelijks omschudden.

RECEPT VOOR ZEEP
Verwarm 75 ml van een kruidenaftreksel met 30 ml citrussap en 1/8 kg geraspte harde zeep. Laat dit wat afkoelen en voeg 5 druppels olie-essence, 1 eetlepel gehakte verse kruiden en 1 eetlepel havermeel toe. Laat de zeep 1 dag in een vorm zitten en bewaar hem dan nog 4 weken gewikkeld in keukenpapier.

ROZEMARIJNZEEP
Een geurig zeepje met rozemarijn en limoensap.

JASMIJNZEEP
De bedwelmende geur van jasmijn met het pittige accent van citroensap zijn in dit zeepje verwerkt.

LINDEBLOESEMZEEP
Deze zeep bevat lindebloesem, grapefruitsap en muurbloemenolie.

GEURIGE SACHETS

LEG REUKZAKJES, gevuld met kruiden, bloemen en specerijen, in een la zodat uw kleding lekker gaat ruiken. Ze houden bovendien de motten weg. Sachets zijn eenvoudig te maken door een vierkant lapje stof dicht te binden met een lint.

ROZEN & ROZEMARIJN
Dit heerlijk geurende sachet bevat 3 eetlepels rozemarijn en een gelijke hoeveelheid rozeblaadjes met een ½ theelepel benzoëgom.

OREGANO & MUNT
In dit zakje zitten oregano, muntblaadjes, van elk 3 eetlepels, en een ½ theelepel iriswortelpoeder.

CIPRESSENKRUID
Dit geurige sachet is ook tevens motwerend. Het bevat cipressenkruid, gemengde geurende bloemblaadjes, van elk 3 eetlepels, en een $^{1}/_{2}$ theelepel wierookhars of iriswortelpoeder.

LAVENDEL & BERGAMOT
Een sachet voor linnen- of klerenkast gevuld met lavendel, bergamot van elk 3 eetlepels en een 1/2 theelepel wierookhars.

MARJOLEIN & TIJM
Een verrukkelijk sachet met marjolein, tijm, van elk 3 eetlepels, en een $^{1}/_{2}$ theelepel iriswortelpoeder.

KOKEN MET KRUIDEN

HET IS OVER de hele wereld gebruikelijk om met kruiden de smaak van culinaire schotels te verfijnen. De laatste jaren bestaat er een hernieuwde belangstelling voor de toepassing van allerlei aromatische bladeren en bloemen in zowel pittige als zoete gerechten.

BOUQUET GARNI

Een bouquet garni geeft een vollere smaak aan soepen, stoofschotels en sauzen. Doe een aantal verse kruiden in een stukje neteldoek en bind stevig dicht.

KRUIDENBOTER

Stokbrood en toastjes worden zeer smakelijk met deze pittige, kleurrijke smeersels. Roer verse fijngehakte kruiden zoals bieslook, dragon, dille, salie en bloemen van de Oostindische kers door de zachte boter en laat die opstijven.

KRUIDENBROODJES

Zeef 450 g volkorenmeel en 2 theelepels zout in een kom en voeg 4 eetlepels gehakte verse kruiden toe zoals bieslook, basilicum, peterselie of tijm. Breng 3 dl water, 2 theelepels suiker en 1 eetlepel olijfolie op lauwwarme temperatuur en roer hierdoor 20 g verse gist. Voeg dit toe aan het meel en kneed gedurende 10 minuten. Laat 1 uur rijzen en kneed opnieuw. Doe het deeg in 16 beboterde broodvormpjes en laat ze afgedekt nog 20 minuten staan. Bestrijk ze met eigeel, versier ze met kruiden en zaadjes. Bak het brood gaar in 30 minuten op 200°C.

INMAKEN MET KRUIDEN

INMAAKPRODUKTEN KUNNEN worden verrijkt door toevoeging van aromatische kruiden. Ze kunnen de aspic wat pikanter laten smaken, fruitige chutneys afronden of de scherpzure smaak van ingelegde groenten verzachten.

TOMATENCHUTNEY
Hak en fruit 450 g uien en 3 teentjes knoflook. Roer hier cayennepeper, gemalen kruidnagel, van elk 1 theelepel, en 2 eetlepels mosterdpoeder door. Voeg 2 kg gesneden tomaten die in kokend water zijn ontveld en in stukken zijn gesneden, 350 g suiker, 4 dl wijnazijn, 30 gehakte basilicumblaadjes en zout toe. Laat 50 minuten lang pruttelen. Overdoen in potten en afsluiten. 2 maanden laten staan.

ZOETZUUR
Schil en snijd 2 kg stevige groenten (inmaakuien, wortels en paprika) in stukken en bestrooi deze met 100 g zout. Laat 24 uur intrekken, spoel ze af en laat ze uitlekken. Schep alles in potten over met daartussen dilletakjes en wat peperkorrels. Los 4 eetlepels suiker op in 1 l verwarmde witte wijnazijn. Laat dit mengsel afkoelen en giet over de groenten. Afsluiten en 6 weken laten staan.

PITTIGE APPELTJES
Los 650 g suiker op in 1 l verwarmde appelazijn. Voeg 2 kg geschilde en in stukken gesneden goudreinetten, 50 g gesnipperde verse gember, 450 g rozijnen, 10 takjes rozemarijn en 1 eetlepel zout toe. Laat dit mengsel op een klein vuur indikken, schep over in potten. Sluit ze goed af en laat één maand staan.

Muntgelei

Doe 900 g geschilde en in stukjes gehakte goudreinetten in een pan samen met 3 dl water, 3 dl wijnazijn en het sap van 3 limoenen. Breng aan de kook, daarna het vuur temperen om de appels tot moes te laten koken. Zeef dit mengsel door een doek of zeer fijne zeef. Vang de vloeistof op, laat hem gerust nog 2 uur erna uitdruppelen. Warm de vloeistof op en roer er 1 kg suiker en wat limoenrasp doorheen. Laat de substantie indikken. Voeg 25 g gehakte muntblaadjes toe en laat 1 minuut koken. Schep in potten en sluit af. Voor de kleur kan groene levensmiddelenkleurstof worden toegevoegd.

Groente in het zuur

Neem 2 kg groenten zoals geblancheerde, ontvelde tomaten, bloemkoolroosjes en stukken paprika en bestrooi deze met 100 g zout. Laat 24 uur intrekken, goed afspoelen en uit laten lekken. Schep over in potten en voeg enkele salietakjes toe. Giet verwarmde (niet laten koken) wijnazijn over de groenten tot ze onderstaan en sluit de potten goed af. Laat 6 weken staan.

Rozegelei

De geparfumeerde smaak van rozen wordt in het Middenoosten al eeuwenlang gewaardeerd. Rozenwater wordt daar veelvuldig toegepast in allerlei zoetigheden. Laat voor deze rozegelei 1 l geurige rozeblaadjes 2 minuten lang in 3 dl kokend water liggen. Giet door een zeef en verwijder de blaadjes. Maak het rozenwater aan met het sap van 2 citroenen, 450 g suiker (met toegevoegde pectine voor een sneller indikkingsproces) en 1/2 dl verse rozeblaadjes. Kook het mengsel tot de substantie dik genoeg is. Overdoen in potten en afsluiten.

ZOMERPUNCH

EEN ZOMERFEEST wordt pas echt een feest met een frisse fruitpunch die op smaak is gebracht met kruiden en versierd met eetbare bloemen. Een punch bevat wijn en kan eventueel worden versterkt met wat alcohol. De echte dorstlessers voor op een hete zomerdag zijn de niet-alcoholische dranken zoals bronwater, vruchtensap en thee.

FRUITIGE MUNTPUNCH

Los 4 eetlepels suiker op in 1 l druivesap op een laag vuur. Voeg ongeveer 40 blaadjes verse munt toe en laat dit een nachtje trekken. Zeef de vloeistof, verwijder de blaadjes en voeg 1 l rode Côte du Rhône, 1 l sterk getrokken Earl Grey thee (theeblaadjes een nacht laten trekken in koud water) en het sap van 3 citroenen toe. Laat minstens 2 uur staan. Versier de punch met verschillende eetbare bloemen zoals Oostindische kers, goudsbloem, rozen, viooltjes, komkommerkruid en primula.

OLIE EN AZIJN

KRUIDENOLIE EN kruidenazijn geven een eigen duidelijk te onderscheiden smaak aan allerlei hartige gerechten. Gebruik ze in sauzen, bouillon en in stoofschotels. Stel uw eigen olie en azijn samen door verscheidene kruiden en specerijen erin te laten trekken.

DILLE-AZIJN
Deze azijn (links) combineert de lichte, frisse smaak van dille en anijs. Heerlijk in vissauzen en als sladressing.

JENEVERBESAZIJN
Azijn met rozemarijn, jeneverbladeren en jeneverbessen (rechts) geeft een pikante smaak aan stoofschotels met rundvlees of wild.

ROZENAZIJN
Rozeblaadjes en citroenmelisse vormen een zeer geurige basis voor een dressing. Meng in een lichte azijn zodat de delicate bloemensmaak niet wordt overheerst.

RECEPT VOOR AZIJN
Kneus de bladeren en zaden van de kruiden en specerijen, overdek die met verwarmde azijn en laat 6 weken trekken. Gebruik tijm, venkel, laurier en marjolein of probeer kruiden naar eigen keuze uit.

KRUIDIGE OLIE
Deze olijfolie is gekruid met peperkorrels, tijm, rozemarijn en Spaanse pepertjes.

RECEPT VOOR OLIE
Een aromatische olie wordt verkregen door verse kruiden 6 weken lang te laten trekken in een plantaardige olie van goede kwaliteit.

Feestelijke garneringen

Hoe feestelijker een gerecht wordt opgediend, hoe beter het zal smaken. Gerechten kunnen worden opgesierd door toevoeging van kruiden en eetbare bloemen in fraaie kleurencombinaties. Garneer voor een bijzondere gelegenheid eens een salade met bloemen, een pudding of taart met gekonfijte bloemblaadjes. Een bevroren kommetje dat is ingelegd met bloemen en blaadjes leent zich uitstekend voor een verse fruitsalade of ijs.

Eetbare bloemen
Garneer de salade met kleurrijke bloemen zoals deze Oost-indische kers en viooltjes.

Sierlijke salade
Neem als basis groenten in allerlei kleuren en vormen zoals verschillende slasoorten en paprika's. Voeg ook komkommer en tomaten toe.

BEVROREN KOMMETJE

Vul een bakje voor de helft met water. Plaats daarin een ander bakje dat 2,5 cm kleiner is, met een gewichtje erin en plak de bakjes aan elkaar vast met plakband. Zorg dat er een ruimte vrij blijft waardoor de bloemen en blaadjes voorzichtig in het water kunnen worden geduwd. Laten opvriezen en uit de vorm losmaken met koud water.

IJSBLOEMKOMMETJE

Serveer fruitsalade, gazpacho, sorbet of koele punch in een decoratieve bevroren kom. Ze zijn ideaal voor bijzondere gelegenheden, prachtig om te zien en toch heel eenvoudig te maken. Wanneer ze na gebruik worden teruggezet in de vriezer, kunnen ze nog maandenlang worden gebruikt.

GEKONFIJTE BLOEMEN

Bestrijk de hele bloem of de bloemblaadjes van rozen, sleutelbloemen, fruitbloesems en viooltjes licht met eiwit. Strooi er met een zeefje poedersuiker overheen en laat ze opdrogen. De blaadjes blijven een week goed.

REGISTER

VERANTWOORDING

De auteur dankt de volgende mensen voor hun medewerking:
Quentin Roake, Rosemary Titterington, Alastair Wardle, Veronique Rauch, en Martin Breschinski.
***Illustraties:** Pauline Bayne.*